Das Haus am Ilsensteinweg

AF191303

Helmut Schweckendieck

Das Haus am Ilsensteinweg

- Möbel und Bilder erzählen -

Bibliografische Information der Deutschen Nationalbibliothek:
Die Deutsche Nationalbibliothek verzeichnet diese Publikation in der
Deutschen Nationalbibliografie; detaillierte bibliografische Daten sind
im Internet über dnb.dnb.de abrufbar.

© 2023 **Helmut Schweckendieck**
Satz, Umschlaggestaltung, Herstellung und Verlag:
BoD – Books on Demand, Norderstedt
ISBN 978-3-7568-5286-4

Inhalt

Vorwort

Der Ilse(n)stein ist eine 473 m hohe Erhebung im Oberharz in Sachsen-Anhalt. Im 11. Jahrhundert befand sich dort eine Burg, deren Besatzung sich hauptsächlich durch Plünderungen der zum Kloster Ilsenburg gehörenden umliegenden Güter hervortat; deswegen wurde die Burg bereits Ende des Jahres 1105 auf päpstlichen Befehl zerstört. Viele Jahrhunderte später wurde auf dem Gipfel in Erinnerung an die Völkerschlacht bei Leipzig ein eisernes Kreuz errichtet; das Kreuz ist auf der Vorderseite des Covers dieses Büchleins zu sehen. Kurz darauf kam eine Gedenktafel dazu. Der Ilsenstein wird in der Literatur mehrfach genannt; Goethe erwähnt ihn in „Faust I" und in „Faust II", Heinrich Heine beschreibt die Besteigung in seiner „Harzreise", in der Oper „Hänsel und Gretel" von Humperdinck spielt der Ilsenstein ebenfalls eine Rolle. Jetzt wird dieser „Berg" auch von mir literarisch verarbeitet; da stehe ich doch in einer berühmten Ahnenreihe!

Von all' dem wussten Gesa und ich nichts, als wir im Frühjahr 1991 mit unserem damals siebeneinhalbjährigen Sohn Robert in unser Reihenhaus im Ilsensteinweg gezogen sind. Der Ilsensteinweg hieß früher Albrechtstraße und ab 1937 Hoensbroechstraße (möglicherweise benannt nach dem 1922 verstorbenen Mitglied des Deutschen Reichstages Graf von und zu Hoensbroech). Am 31. Juli 1947 wurde die Straße in Ilsensteinweg umbenannt. Vor unserem Umzug hatten wir zehn

Jahre in der Dachwohnung in der Niklasstraße gegenüber von Riemanns gewohnt. In der Luftlinie betrug die Entfernung von der einen zur anderen Wohnung geschätzte 70 m. Den Umzug habe ich zu großen Teilen mit einer Schubkarre durchgeführt. Im Laufe von inzwischen mehr als dreißig Jahren hat sich eine Menge an Möbeln, Bildern, Büchern, Silberbesteck, Schmuck und Stehrumchen angesammelt. Dafür ist im wesentlichen Gesa verantwortlich, die alles aufgehoben und nahezu nichts weggeworfen hat. Schrittweise habe ich nach Gesas Tod im Sommer 2015 das Inventar des Hauses etwas übersichtlicher gestaltet, nicht zuletzt auf dringendes Anraten von Robert. Er befürchtete nämlich, er müsse sich anderenfalls nach meinem Ableben drei Monate Urlaub nehmen, um meinen Haushalt aufzulösen, womit er nicht ganz Unrecht hatte; jetzt dauert es nur noch zweieinhalb Monate.

Das Sichten und Aussortieren war mir nur dann möglich, wenn ich dazu in der richtigen Stimmung war, weil immer wieder Erinnerungen hochkamen. Via Internet habe ich insgesamt etwa 500 Bücher (von gefühlten 3000) veräußert, zum Reichwerden reicht das nicht, aber besser als Wegwerfen ist es allemal. Ich habe mich auch sonst von einigen mir überflüssig erscheinenden Sachen getrennt. Voll ist es aber immer noch in meinem Haus. Viele Gegenstände haben eine Geschichte oder können eine Geschichte erzählen. Im Folgenden will ich versuchen, diese Geschichten, soweit sie mir noch in Erinnerung sind, wiederzugeben.

I.

Die Küche

Noch zu Lebzeiten von Gesa haben wir unsere Küche durch einen Tischler neu gestalten lassen. Das ist recht gut gelungen, auch ich als Quasi-Single profitiere von den von Gesa georderten hochwertigen Miele-Geräten. Nur wenige Einrichtungsgegenstände der Küche sind ansonsten erwähnenswert. Da sind zum einen die in der Nische über dem Küchentisch befindlichen „Fayencen", die aus dem Haushalt meiner Schwiegermutter Ingeborg Mildebrath („Nanny") stammen. Laut Fremdwörterlexikon sind Fayencen glasierte Tonwaren, die ganz hübsch aussehen, aber sinnentleert sind bzw. nie einen praktischen Wert hatten. Auch aus dem Haushalt Mildebrath stammen die drei auf dem Hochschrank über der Spüle befindlichen Gefäße für Reis, Gries und Zucker, wobei zwei der drei Deckel beschädigt sind; es dürfte sich um Delfter Porzellan handeln. Zumindest theoretisch könnte ich diese Behältnisse benutzen. Nicht täglich, aber häufig in Gebrauch ist das rot gemusterte englische Porzellan, auch (wie vieles im Ilsensteinweg 34) aus Schwiegermutters Haushalt stammend. Einen wirklichen praktischen Nutzen und darüber hinaus eine erzählenswerte Geschichte hat der dunklere der beiden in der Küche befindlichen Stühle mit Korbgeflecht (den hellen hat Gesa irgendwann mal gekauft). Der dunkle Korbstuhl ist der einzig verbliebene von ehemals 24 derartigen Stühlen, die auf dem Gut Strelow in Vorpommern im großen Saal um den dortigen langen Tisch herum standen. Auf dem Gut hat meine Mutter bis 1945 gelebt. Im Sommer 1945 wurde die Familie Rassow von den „Russen" im Rahmen der sogenannten Bodenreform rausgeschmissen und weggejagt. Mit Hilfe der Dorfleute konnten nur ganz wenige Möbelstücke gerettet werden. Neben einer Barockkommode, die jetzt bei meiner Schwester Ingrid steht, befand sich nur noch dieser eine Stuhl im Besitz meiner Mutter. Anfang 2022 habe ich ihn aufarbeiten lassen, er ist regelmäßig in Benutzung.

II.

Die Diele

Erwähnenswert ist die mit vergoldeten Engeln verzierte Wanduhr. Auch diese Uhr hat Gesa in unseren Haushalt eingebracht; ich glaube, sie stammt nicht aus dem Haushalt der Schwiegermutter, sondern eventuell von Lisa Owzarzak (Lisa „Wackelkopf"), einer Freundin von Inge Mildebrath aus alten Zeiten, vielleicht auch von Tante Hotta, einer der Schwestern meiner Schwiegermutter. Gleiches gilt hinsichtlich des Tischchens in der Ecke der Diele, eigentlich einer von zwei Nachttischen; der zweite steht bei mir im Balkonzimmer (mit dem Globus drauf; den hat Gesa mir mal geschenkt). Auch die Deckenlampe ist auf irgendeine erbschaftsähnliche Weise über Gesa in den Ilsensteinweg gelangt. Die kleine Holzkommode hat keinerlei Wert, soll aber insofern erwähnt werden, als die beiden Ecken von der damals noch ganz jungen Sunny, unserem dynamischen Aussie-Mädchen, aus Langeweile an- bzw. abgenagt worden sind. Die beiden Spiegel in der Diele haben Gesa und ich gekauft, desgleichen den Spiegel im Windfang.

Unser erster Hund Tommy, ein sehr freundlicher schwarzer Retriever, hatte in der Diele seinen Stammplatz, entweder in seinem Körbchen unter einem der Spiegel oder drei Treppenstufen höher direkt unter der Garderobe. Sunny nächtigte in der Regel bei uns oder bei mir im Schlafzimmer. Nach etwa zwei Dritteln der Nacht hatte sie dann aber von dieser Schlafstätte genug und verlegte ihren Platz in die untere Treppenecke, drei Stufen über dem von Tommy geschätzten Podest unter der Garderobe.

III.

Der Keller

Auf besonderen Wunsch von Robert (der allerdings meine Bücher nicht immer liest; wie es mit diesem hier wird, bleibt abzuwarten) widme ich ein Kapitel auch dem Keller. Der runde Tisch im ersten Keller stammt von der Familie Schweckendieck. In der Maisonette-Wohnung in der Niklasstraße 68, die meine Eltern mit Ingrid und mir 1960 bezogen, stand er als Esstisch in der Diele. Der Leser erkennt an diesem Einzugsdatum, dass ich schon seit mehr als sechzig Jahren - mit nur wenigen und kurzen Unterbrechungen - in Schlachtensee wohne; mir gefällt es in diesem ruhigen Zehlendorfer Vorort, der inzwischen sogar den Status eines eigenständigen Stadtteiles errungen hat. Der besagte runde Tisch dürfte vorher auch schon in der Buggestraße 12 im Haus meiner Oma, wo wir mit ihr und der Familie des jüngeren Bruders meines Vaters bis zum Umzug nach Schlachtensee gemeinsam gewohnt haben, Dienst getan haben. Ebenfalls aus dem Hause Schweckendieck stammt die gusseiserne Garderobe. Die drei Hängeschränkchen haben Gesa und ich 1981 für die Küche unserer Wohnung in der Niklasstraße 66 erworben. Die beiden mit Biedermeierstoff bezogenen Klappstühle stammen aus dem Dunstkreis Mildebrath.

In der Waschküche ist erwähnenswert die westernähnliche Schwingtür der dortigen Toilette. Der Pole Sylvester („Sie wollen, ich machen") hat sie aus den Resten eines (eher hässlichen) Schrankes aus dem Bestand der Familie Schweckendieck (der stand im oberen Flur in der Niklasstraße 68 und vorher wohl auch schon in der Buggestraße) gebaut; ich war immer dafür, den Schrank wegzuwerfen, aber Gesa wollte ja nie was wegwerfen. Im Nachhinein muss ich zugeben, dass die von ihr erdachte und von Sylvester umgesetzte Lösung ganz gut ist.

Jetzt komme ich zu dem großen Kellerraum. Wenn man ihn betritt, befinden sich gegenüber auf der rechten Seite große Teile unserer ehemaligen Ikea-Küche, die wir beim Bezug unseres Reihenhauses angeschafft hatten; darin bewahre ich eine Menge von Sachen auf, die ich entweder gar nicht oder nur selten benötige. Aber zum Wegwerfen waren sowohl die Küchenschränke als auch deren Inhalt zu schade. An der kurzen Seite links die zwei offenen Bücherregale stammen von meinem Vater. Ob sie schon in der Buggestraße vorhanden waren, weiß ich nicht; jedenfalls standen sie im Arbeitszimmer meines Vaters in der Niklasstraße 68. Gleiches gilt hinsichtlich des dunklen Schrankes mit den Glasschiebetüren, in dem ich Porzellan und einen Großteil meiner Dias aufbewahre. Der kleine dunkle Schrank, in dem sich jetzt hauptsächlich Gläser befinden, stand in meinem Kinderzimmer. Den großen Kellerraum beherrscht ansonsten die Tischtennisplatte, die schon deutliche Gebrauchsspuren aufweist und an der wir ziemlich häufig unser Können in dieser Sportart überprüfen. Gisela hat sich in den Jahren unserer Verbindung seit dem Mai 2017 von einer blutigen Anfängerin zu einer recht ordentlichen Spielerin entwickelt. Robert spielt sehr gut Tischtennis; bei den drei Turnieren, die ich für den Mildebrath-Clan organisiert habe, hat er jedes Mal gewonnen. Wir haben die Platte gekauft, als Robert vielleicht fünf Jahre alt war, und sie auf die riesige Freifläche im Dachgeschoss des Bunkers in der Niklasstraße 66 gestellt, die wir auf einem Weg über den Dachboden über unserer Wohnung erreichen konnten. Damit wir auch abends spielen konnten, hat nach meiner Erinnerung Peter Vollmer (Verenas Mann), der auch gerne und gut Tischtennis spielte, mittels eines langen Bohrers durch die Wand, die unseren sachgassenähnlichen Flur in der Bunkerwohnung abschloss, ein Loch gebohrt. Jenseits dieser Wand war der Bunkerdachboden. Durch das Loch wurde nun ein Elektrokabel gezogen und mittels einer großen Schraubzwinge über der Tischtennisplatte angebracht, versehen mit einer 100-Watt-Lampe; ich kann das nur unvollkommen beschreiben, aber Robert wird wissen, wovon ich spreche. Ob bei dieser Aktion oder auf andere Weise die Tischtennisplatte etwas in Mitleidenschaft gezogen worden ist (beide Hälften stehen sich nicht ganz direkt gegenüber, sondern um ca. 1,5 cm seitlich versetzt; auch sind die Plattenhälften etwas verbogen), entzieht sich meiner Kenntnis. Jedenfalls habe ich dort oft mit Robert gespielt. Zuerst konnte er nur durch das Netz hindurch das hintere Ende der Platte sehen, und es war ein toller Erfolg, als er so weit gewachsen war, dass er das Plattenende über das Netz hinweg sehen konnte. Inzwischen habe ich Layla das Tischtennisspiel näher gebracht; demnächst wird es mit Aylina so weit sein, erste Anfänge gibt es schon.

Ein Bericht über den großen Kellerraum wäre unvollständig ohne die Erzählung über unser erstes Haustier.

Ich glaube, es war Ende November 1991 oder 1992. Ich hatte Robert und einen seiner Mannschaftskameraden vom Hockey-Training bei Z 88 abgeholt und zunächst den Mitspieler zu seiner Behausung in einer ruhigen Nebenstraße in Schlachtensee gebracht. Auf dem Bürgersteig dicht an der Bordsteinkante entdeckte ich einen handtellergroßen jungen Igel, der dort etwas verloren wirkte. Kurz entschlossen wickelte ich ihn in ein Handtuch und nahm ihn mit zu uns. Gesa war gleich begeistert. Wir fuhren mit dem kleinen Burschen zu einer „Igel-Mutti" in deren Zwei-Zimmer-Wohnung in Lankwitz, wo diese mit Hunden, Katzen und weiterem Getier lebte. Sie befreite das Igeljunge von diversen Parasiten, stellte sein Gewicht fest, gab ihm auch eine Spritze und uns Tipps, wie wir für ihn sorgen könnten; auf sich allein gestellt sei er in der Natur nicht überlebensfähig. Wir räumten im großen Kellerraum die Abseite (jetzt befindet sich dort mein Werkzeug) frei, packten einen großen leeren Pappkarton hinein, zusammen mit viel zerrissenem und zerknülltem Zeitungspapier, und bauten vor der Abseite eine Barriere aus Holzbohlen auf. Als Futter bekam der Kleine gemäß den Tipps der „Mutti" Katzenfutter. Er war sehr verfressen und hatte dementsprechend auch eine rege Verdauung; alle zwei oder drei Tage musste das Zeitungspapier, aus dem unser Gast sich in dem Pappkarton ein Nest baute, ausgewechselt und entsorgt werden. Es roch in dieser Zeit bei uns im Keller etwas streng. Bald machten wir uns auf die Suche nach einem passenden Namen für unseren Freund. Da er klein war und krumme Beine hatte, erinnerte er uns an den Fußballspieler Pierre Littbarski, der seine

Karriere bei Hertha 03 Zehlendorf begonnen hatte und 1990 mit der deutschen Mannschaft Weltmeister geworden war. Und so bekam unser Gast den Spitznamen „Litti". Gesa konnte ihn sich auf den Unterarm legen und er ließ sich von ihr am Bauch kraulen; als ich das auch mal versuchte, biss er mich in den Finger. Mitte Januar, Litti hatte mittlerweile sein Gewicht von etwa 250 g auf rund 750 g verdreifacht, verlegten wir sein Quartier gemäß den Vorgaben der „Igelmutti" in den überdachten Außenbereich der Kellertreppe, wo er dann recht bald in seinen Winterschlaf verfiel. Irgendwann im Frühjahr wurde er wieder wach und wir entließen ihn in die Freiheit unseres Gartens, aus dem er dann schnell verschwand. Litti hat sich nie wieder blicken lassen; ich fand das etwas undankbar.

IV.

Das Wohnzimmer

Über das Inventar des Wohnzimmers gibt es ziemlich viel zu erzählen; ich habe mich deswegen mit dem Laptop an den Wohnzimmertisch gesetzt. Bevor wir 1991 hier eingezogen sind, haben Gesa und ich die nicht tragende Wand, die den jetzigen großen Raum in zwei Zimmer geteilt hatte, entfernen lassen. Dadurch erhielten wir ein über 41 qm großes repräsentatives Wohnzimmer. Das Mobiliar stammt zu großen Teilen aus der Familie Mildebrath und auch aus der Familie Schweckendieck; einige Sachen haben Gesa und ich auch gekauft.

Die halbrunde Kommode stand bei meiner Schwiegermutter im Wohnzimmer; sie gefiel mir schon immer gut, und das habe ich auch geäußert. Mit Erfolg, denn nach dem Tod von Gesas Mutter Ende 1995 kam sie zu uns. Sie stammt ursprünglich von „Tante Anneliese" Schott, ich glaube, eine entfernte Verwandte von Schwiegermutter. Tante Anneliese hatte zwei Söhne, einen davon kennen wir, „Ebchen" Schott, der war früher mal Schauspieler; laut Schwiegermutter war er nach dem Krieg für die Rolle als „jugendlicher Liebhaber" zu alt. Was anderes konnte er wohl nicht spielen. Er wanderte daher in den 50-er Jahren nach New York aus, wo er in einem Club (so eine Art von Fitness-Studio) als Masseur tätig war. Er hatte in New York auch mal Marlene Dietrich kennen gelernt. Wir haben ihn und seine sehr kranke

Frau Christine bei einer unserer USA-Reisen in Queens besucht. Nach deren Tod hat „Ebchen" sich im Alter von ungefähr 85 noch eine neue Freundin angeschafft; ich glaube, Eberhard Schott ist so in etwa 95 Jahre alt geworden.

Der Samowar auf dieser Kommode ist ein Erbstück von meiner Oma väterlicherseits. Gesa und ich haben ihn mal versilbern lassen; er sieht schön aus, ob er aber funktionsfähig ist, weiß ich nicht, wir haben das nie ausprobiert.

Die zweite etwas größere Kommode, die bei uns jetzt gleich rechts steht, befand sich bei Schwiegermutter in der Diele. Als Kind hatte Gesa an ihr besonderen Gefallen wegen der beiden Engel gefunden, die an den Türen angebracht waren. In dieser Truhe bewahre ich diverse Tischdecken (viel zu viele!) und in den oberen Schubladen das Tafelsilber auf. Dazu gibt es auch gleich etwas zu erzählen. Gesa hatte ein Faible für ältere Ladies. Eine dieser Ladies war Hilde Friese; ob das eine Freundin von Schwiegermutter aus alten Zeiten (eher wahrscheinlich) oder eine entfernte Verwandte (eher unwahrscheinlich) war, weiß ich nicht. Gesa war jedenfalls der Auffassung, dass diese Hilde Friese verarmt sei; daher kaufte sie ihr für eine beträchtliche Summe Tafelsilber ab, das wirklich sehr schön und insbesondere nicht so forkenhaft riesig ist. Wenn Besuch kommt, benutze ich es auch heute noch gerne. Sogar Robert hat Gefallen an diesem Silberbesteck gefunden. Irgendwann erfuhr Gesa, dass diese Hilde einen sehr reichen Bruder hat; von da an war sie etwas zurückhaltender mit ihren materiellen Zuwendungen.

Den Esstisch im Wohnzimmer und vier dazugehörige Stühle mit grün-weißem Polster haben Gesa und ich gekauft (den Tisch über das Auktionshaus Matthias Fischer, die Stühle bei Möbel-Hübner). Das an der Stirnseite des Esstisches befindliche Biedermeier-Sofa und die zwei ebenfalls mit Biedermeier-Stoff bezogenen Stühle befanden sich bis zu ihrem Tod Ende 1995 im Hause meiner Schwiegermutter.

Der Biedermeier-Sekretär aus Birkenholz stammt von meiner Seite. Er gehörte früher Tante Erna, der älteren Schwester meiner Oma väterlicherseits. Ich kann mich erinnern, dass der Sekretär in ihrer kleinen Wohnung in der Forststraße in Steglitz stand. Jeden Mittwoch, wenn Oma und Tante Erna mit Uwe und mir in den Zoo gingen, war ich hinterher bei Tante Erna, die Patentante sowohl von meinem Vater als auch von mir war. Karl, der Mann von Tante Erna (ich kenne ihn nicht, da er vor meiner Geburt gestorben ist), war Oberregierungsrat mit Doktortitel. Darauf war er offensichtlich mächtig stolz, denn in einigen Schubladen des Sekretärs prangt ein Stempel „Dr. Lyncke, Oberregierungsrat". Den Sekretär habe ich nach dem Tod von Tante Erna, ich glaube im Jahr 1966, bekommen. Tante Erna war ein bisschen hektisch und nervös. Wenn sie den Schlüssel nicht in das Schloss ihrer Wohnungstür bekam, schimpfte sie „du verflixter Schlüssel, willst du wohl reingehen!", dann klappte es. Ich weiß noch eine andere nette Geschichte. In der Sommerfrische in den 20-er oder 30-er Jahren des vorigen Jahrhunderts waren die beiden Schwestern (Oma und Tante Erna) mit ihren Familien regelmäßig in Ahrenshoop (wo ich früher mit Gesa und jetzt mit

Gisela auch einmal im Jahr hinfahre). Karl sollte dort Fahrradfahren lernen, was damals noch nicht selbstverständlich war. In Ahrenshoop war kaum Verkehr, es gab so gut wie keine Autos. Karl versuchte sich unter den kritischen Augen seiner Frau; als diese am Horizont in einem Kilometer Entfernung ein Auto sah, schrie sie in ihrer typischen aufgeregten Art „Achtung, Karl, ein Auto!". Karl bekam einen großen Schreck und fuhr mit dem Rad in der Straßengraben; seine Karriere als Radfahrer war damit beendet.

Der Tisch vor dem linken Fenster ist ein sogenannter Spieltisch. Er kann aufgeklappt und auf die doppelte Größe erweitert werden. Dieser Tisch stammt von der Familie Schweckendieck; Einzelheiten kann ich dazu nicht erinnern. Die beiden schlanken Bücherregale rechts und links vom Sekretär haben Gesa und ich auch über das Auktionshaus von Matthias Fischer erworben, desgleichen die beiden zierlichen Stühle neben dem Sekretär.

Die plüschige Sofagarnitur in der Nische des Wohnzimmers haben wir nach meiner Erinnerung bei Möbel-Anderle (gibt es schon lange nicht mehr) gekauft, die beiden Glastische irgendwo in Steglitz. Auf dem größeren Glastisch steht eine schöne durchbrochene Obstschale. Diese Schale hat Jill (eine Kanadierin, die vorübergehend mal vegane Kost für Gesa hergestellt hat und mir insgesamt ziemlich auf den Geist ging) im Vorfeld der Feier nach dem Kirchenkonzert im Herbst 2014 bei uns in der irrigen Annahme, unser Wohnzimmer müsse dekoriert werden, um schön auszusehen, kaputt gemacht. Jahre später habe ich die Schale bei einer netten Restaurateurin in Charlottenburg wieder in Ordnung bringen lassen. Der kleine runde Tisch mit der Vierer-Lampe darauf stammt aus dem Dunstkreis Mildebrath, Einzelheiten weiß ich nicht. Den kleinen Nähtisch zwischen Biedermeier-Sofa und Engelkommode hat Gesa (überteuert) von der inzwischen verstorbenen Christiane Schwenke (Tochter von Frau Bollert und Ehefrau von Helmut Schwenke) gekauft. Zur Herkunft des kleinen runden Tischchens auf der anderen Seite weiß ich nichts.

In dem Türrahmen auf der linken Seite der Nische (die dort ursprünglich befindliche und nach der Vergrößerung des Raumes nicht mehr benötigte zweite Tür haben wir mit einer Platte verschließen lassen) befindet sich ein kleines Glasregal. Darauf sind im oberen Bereich Gläser, in der Mitte Mokkatassen und unten alkoholische Getränke positioniert. Auf der zweiten Ebene von oben stehen auch drei sehr filigran geschliffene gelblich-grüne Weingläser. Es sind Erbstücke meiner bereits 1968 verstorbenen Großmutter väterlicherseits. Da meine Mutter ihre Schwiegermutter nicht leiden konnte, fristeten diese schönen Gläser bei ihr ein Schattendasein im Keller. Nach dem Tod meiner Mutter 1996 habe ich diese drei Gläser (es waren mal vier, eines habe ich leider beim Abwaschen zerbrochen) in Besitz genommen; zu feierlichen Anlässen wird aus ihnen Wein getrunken.

Zu den Bildern kann ich einiges erzählen. Die märkische Landschaft über dem Biedermeier-Sofa stammt aus dem

Haushalt von Frau Jansen. Frau Jansen lebte bei unserem Einzug im Nachbarhaus, wo später Familie Hübner und jetzt Familie Weis wohnt. Als Frau Jansen tütelig wurde und fast mal das Haus abgefackelt hätte, kam sie in ein Heim; ihre Kinder fragten uns, ob wir ein Erinnerungsstück haben wollten, und da habe ich dieses mir gut gefallende Gemälde ausgewählt.

Das Gemälde mit dem Häuschen, das über der Engelkommode hängt, trägt die Signatur „Graef"; ich glaube, es handelt sich dabei um den Vater oder vielleicht eher den Großvater von Jocelyn Graef, die wir schon mehrfach in den USA besucht haben. Gesas Eltern waren mit der Familie befreundet und ich glaube, das Häuschen ist eventuell das Elternhaus von Gesas Vater in Freest bei Wolgast. Leider habe ich Gesa oft nicht so genau zugehört, wenn sie was erzählt hat, das rächt sich jetzt.

Daneben die Madonna mit den gierig blickenden Zwillingen stammt aus dem Hause Schweckendieck; Einzelheiten weiß ich nicht. Die auf dem Eckregal befindliche Porzellan-Madonna stand in dem Erkerfenster bei Schwiegermutter, das Gesa Anfang Dezember immer weihnachtlich dekoriert hat.

Mit dem Bild über dem Dreier-Sofa hat es eine besondere Bewandtnis. Johanna Mühe, die Gesa als Physiotherapeutin behandelt hat, hat mit ihrem Mann eine Doppelhaushälfte ganz in unserer Nähe in der Spanischen Allee gekauft. Das Haus war ziemlich verwohnt und musste von Grund auf renoviert werden. Da ich so etwas spannend finde, habe ich Johanna besucht, als das Haus völlig leer geräumt war. Nur dieses Gemälde lehnte im

Wohnzimmer an der Wand. Auf meine Frage meinte Johanna, die Voreigentümerin habe zu ihr gesagt, wer in Schlachtensee wohne, müsse ein derartiges Bild in seinem Zuhause haben. In der Tat sieht das Motiv sehr stark nach dem Schlachtensee aus. Johanna gefiel das Bild aber nicht so recht, sie wollte es loswerden. Weil ich es ganz schön fand, schenkte sie es mir. Gesa gefiel es aber auch nicht, und so stand es dann zunächst bei uns im Keller. Nach Gesas Tod holte ich das Gemälde hoch und betrachtete es erstmals genauer. Ich entdeckte eine Signatur „Leistikow". Leistikow ist ein ganz bekannter Maler, der gerne und häufig Brandenburger und Berliner Seenlandschaften gemalt hat. Ich brachte das Bild zu einem Restaurator, der es reinigen und eine kleine Beschädigung beseitigen sollte. Dieser Restaurator eröffnete mir, dass es sich nicht um ein Ölgemälde, sondern einen Druck von Leistikow handele. Für Reinigung und Reparatur zahlte ich nur eine recht moderate Summe. Seit dieser Zeit hängt der Druck über dem Sofa und ich freue mich an ihm.

Das Relief mit den beiden jungen Mädchen an der Seite der Sofanische ist eine Kopie, das Original befand sich bei Schwiegermutter und jetzt vermutlich bei Gesas Bruder Peter. Auf ihm sind Gesas Großmutter mütterlicherseits („grand- mere") und deren Schwester abgebildet. Meine Schwiegermutter hat irgendwann Kopien davon fertigen lassen und je eine ihren Kindern geschenkt. Besonders gut kommt das Relief zur Geltung, wenn es von der kleinen Vierer-Lampe beschienen wird.

Die beiden Stiche rechts und links vom Sekretär stammen aus dem Haushalt Schweckendieck. Die großen blauen Vasen auf den schlanken Bücherregalen haben keinen besonderen Wert; Gesa und ich haben sie beim Auktionshaus Fischer erworben. Die weiße KPM-Vase mit Goldverzierungen rechts auf dem Sekretär habe ich Gesa zu einem besonderen Anlass (Geburtstag oder Hochzeitstag) geschenkt; ein Kaufbeleg müsste sich noch bei meinen Unterlagen befinden. Ich glaube, die beiden kleineren Vasen rechts (Delfter Porzellan) und links (KPM) auf den schlanken Schränken sind von der Familie Schweckendieck, die schöne durchbrochene Schale ist auch von der KPM, näheres zur Herkunft weiß ich nicht.

Erzählenswert ist die Geschichte des Bildes der jungen Tänzerin zwischen den beiden Fenstern. Ich glaube, es war im Jahr 2019 bei unserem obligatorischen Ahrenshoop-Aufenthalt zu meinem Geburtstag im März, als Gisela mich überredete (nein, natürlich überzeugte!), das dortige Kunstmuseum zu besuchen. Bei diesem Besuch fiel uns das Gemälde mit der anmutigen jungen Frau auf und wir betrachteten es näher. Und, siehe da, Maler war Franz Triebsch, der vor dem Krieg viele Jahre zur Ahrenshooper Künstlerszene gehörte. Der Name war mir von meiner Oma gut vertraut, auf ihren regelmäßigen Geburtstagsfeiern im Dezember waren neben anderen Freundinnen stets „Triebsch und Nittka" (die Freundinnen wurden immer im „Doppelpack" genannt, wie etwa auch „Nettl und Remy") eingeladen. Frau Triebsch war die zweite Frau und spätere Witwe des Malers. Meine Oma und ihr Mann waren offensichtlich mit dem Ehepaar Triebsch bekannt oder befreundet; Franz Triebsch hatte, nachdem Omas jüngster Sohn Heinz zu Beginn des Russlandfeldzuges 1941 als 18-jähriger Leutnant gefallen war, nach einem Foto ein Portrait von Heinz gefertigt, das jetzt bei mir im Balkonzimmer hängt. Im Museum fotografierte Gisela das Gemälde mit der jungen Tänzerin ab, wir ließen die Fotografie zweimal rahmen, ein Exemplar hängt nun bei mir und das zweite schenkten wir meiner Schwester Ingrid und ihrem Mann Roland zur Goldenen Hochzeit.

V.

Das Balkonzimmer

Das Balkonzimmer ist mein Lieblingszimmer im gesamten Haus. Schon seit vielen Jahren ist es sowohl mein Arbeitszimmer als auch ein zweites gleichsam privates Wohnzimmer neben dem eher repräsentativen Wohnzimmer im Erdgeschoss. Als wir 1991 einzogen, war es zunächst unser Schlafzimmer, dann wurde es vorübergehend mein Arbeitszimmer, dann auch mal Roberts Zimmer, Gesas Arbeitszimmer (wir sind häufig innerhalb des Hauses umgezogen, zeitlich und auch von den Funktionen her bekomme ich das nicht mehr zuverlässig zugeordnet), bis es wieder mein Arbeits- und unser privates Zweitwohnzimmer wurde. In diesem meinem Arbeitszimmer habe ich zwei Lieblingsplätze. Der eine ist auf dem Sofa gleich neben der Tür unter dem selbstgebauten Bücherregal; dieses Sofa stammt aus dem Haushalt meiner Schwiegermutter, wo es im Wohnzimmer unter dem Fenster stand. Nach ihrem Tod Ende 1995 ist es in unser Eigentum übergegangen. Abends liege ich regelmäßig beim Fernsehen darauf, nach dem Mittagessen halte ich dort mitunter ein kleines Schläfchen. Es ist für mich mehr ein Liege- als ein Sitzmöbel. Vor dem Sofa steht ein niedriger lederbezogener Couchtisch, auch aus Schwiegermutters Haushalt; Robert erzählt, dieser Tisch sei eines der wenigen Möbelstücke bei „Nanny" gewesen, bei dem er als kleines Kind aufgefordert worden sei, damit vorsichtig umzugehen und nicht raufzuklettern.

Der zweite Lieblingsplatz ist an meinem Schreibtisch (kein Erbstück, sondern neu gekauft im Auktionshaus Matthias Fischer). Es ist mir schleierhaft, wie Menschen ohne Schreibtisch existieren können. Als ich noch im aktiven Berufsleben als Richter stand, habe ich nahezu jeden Tag dort gesessen und meine Akten durchgearbeitet oder die von den Kollegen verfassten Urteilsentwürfe gelesen und (natürlich nur soweit unabdingbar) korrigiert; auch meine private Korrespondenz sowie behördliche Angelegenheiten habe ich dort erledigt. Auch jetzt, nach meiner mittlerweile bereits einige Jahre zurückliegenden Pensionierung, sitze ich nahezu jeden Tag am Schreibtisch. Mein in dieser Zeit entstandenes neues Hobby, nämlich das Schreiben von (bisher drei - das hier jetzt wird vielleicht das vierte) Büchern, ist ausschließlich an diesem Schreibtisch realisiert worden. Und es ist erstaunlich, wie viel Bürokram man auch als Rentner bzw. Pensionär zu erledigen hat, Beihilfe, Versicherung, Steuererklärung (neuerdings auch via Elster), Aufsichtsratsaktivitäten für den WBV, der vorweihnachtliche Rundbrief und vieles mehr. Mein möglicherweise mitunter leicht querulatorisches Wesen erfordert natürlich auch häufigere Schreiben; ich erinnere an die Deichmannschuhe (nach fast zwei Jahren habe ich schließlich den gesamten Kaufpreis erstattet bekommen) oder die im Kaufhaus „Stolz" auf dem Darß erworbene Winterjacke, die bereits um 50 % reduziert war und auf die ich nach intensiver Korrespondenz wegen eines kleinen Sachmangels noch mal 10 € erstattet bekommen habe. Gegenüber „Netto Marken Discount" habe ich erst kürzlich „irreführende Werbung" im Werbeprospekt gerügt und einen

10-€-Gutschein erhalten. Auch diverse Einsprüche gegen den einen oder anderen Bußgeldbescheid - manchmal waren sie erfolgreich, manchmal nicht - sind hier verfasst worden.

Nicht mein, sondern Giselas Lieblingsplatz in diesem Zimmer befindet sich auf dem anderen Sofa. Es handelt sich eigentlich um eine ausziehbare Schlafcouch, die Gesa und ich irgendwann mal gekauft haben; die Ausziehfunktion haben wir allerdings (so gut wie) nie genutzt. Gisela bettet sich auf diesem Sofa von Zeit zu Zeit gerne mal für eine kleine Mittagsruhe.

Den großen elektrisch verstellbaren Fernsehsessel haben wir einige Monate vor Gesas Tod gekauft. Sie hat in ihren letzten Wochen sehr viel Zeit auf diesem Sessel verbracht. Ich habe mich manchmal gefragt, wie sich der Umstand, dass Gesa in diesem Balkonzimmer in Roberts und meiner Gegenwart ihre letzten Atemzüge getan hat, auf meine Beziehung zu diesem Raum auswirkt. Ich kann nur sagen, der Raum ist und bleibt mein Lieblingsaufenthaltsort; wichtig war, dass Gesas inniger Wunsch, zu Hause sterben zu dürfen, erfüllt worden ist. Damit soll es genug sein mit den ernsten Gedanken.

Der zierliche Eckschrank, der gar nicht in der Ecke steht (die Platzierung dort war eine - gute - Idee von Robert), stammt von meiner Mutter. Es handelt sich nicht um eine Antiquität, sondern wir beide haben den Schrank irgendwann in den 80-er Jahren gekauft. In diesem Eckschrank steht ein etwa 25 cm langer Porzellan-Eisbär von der KPM, ein Erbstück meiner Oma väterlicherseits; früher stand der auch mal auf einem Bücherregal. Als unser erster Hund Tommy diesen Eisbären erstmals erblickte, hielt er ihn für einen gefährlichen Gegner und bellte ihn intensiv an.

Auch von bzw. für meine Mutter gekauft und nach ihrem Tod im Mai 1996 in mein Eigentum übergegangen ist die quer neben meinem Schreibtisch stehende Kommode, die meine Ablagemöglichkeiten neben dem Schreibtisch vergrößert hat, was ich intensiv ausnutze. Den Schreibtisch selbst habe ich nach unserem Einzug in den Ilsensteinweg bei dem schon mehrfach erwähnten Auktionshaus Matthias Fischer erworben. Gleiches gilt für das Bücherregal auf der gegenüberliegenden Seite. Den auf dem Regal stehenden KPM-Teller mit dem Brandenburger Tor habe ich von den Kollegen bei Sen-Just anlässlich meiner Beförderung zum RiKG im Sommer 1990 erhalten, die beiden Deckelvasen rechts und links davon stammen (glaube ich jedenfalls) von meiner Oma väterlicherseits; es handelt sich wohl um Delfter Porzellan.

Der Kronleuchter stammt von meinen Eltern. Es könnte sein, dass er schon im Wohnzimmer meiner Eltern im Haus der (Schwieger)-Mutter in der Buggestraße hing, jedenfalls aber in der Maisonettewohnung in der Niklasstraße 68. Die Uhr auf dem selbstgebauten Bücherregal über dem Sofa ist ein Erbstück von Tante Erna. Den Schlüssel zum Aufziehen habe ich verloren, was aber nicht so schlimm ist, weil die Uhr dann pausenlos schlagen würde, was einen schier verrückt macht.

Einiges zu erzählen gibt es wiederum von den Bildern. Die Ostseelandschaft über dem bunten Sofa stammt gemäß der Signatur von einem Maler Mildebrath, der mit der Familie meiner Frau wohl weitläufig verwandt war.

Daneben das Bild mit den zwei Hunden im Vordergrund und dem Strelower Schloss im Hintergrund hing eben dort; in dem Gehölz am linken Bildrand soll sich nach den Erzählungen meiner Mutter mal ein Einbrecher niedergelassen haben, der zuvor aus der Strelower Speisekammer diverse Würste gestohlen hatte. Über dem Bücherregal gegenüber vom Schreibtisch befinden sich drei Bilder. Auf dem großen Gemälde ist Heinz, der jüngste Bruder meines Vaters, als Leutnant abgebildet. Er ist mit 18 Jahren zu Beginn des Russlandfeldzuges gefallen. Das Bild hat - wie ich schon ausgeführt habe - der Maler Franz Triebsch, ein Bekannter meiner Großeltern, nach einem Foto gemalt. Das Bild mit den drei Jungen ist tatsächlich von einem Gemälde, das früher in Omas Wohnzimmer an der Wand hing und sich jetzt bei Uwe befindet, abfotografiert; der älteste ist mein Vater, der mittlere ist Uwes Vater Jochen und der kleine in dem roten Kittel ist besagter Heinz. Darunter das Bild stellt meinen Vater als Junge dar. Dieses ehemals ungerahmte Bild befand sich in einem desolaten Zustand, porös und fast wie ein Sieb löchrig, in unserem Besitz; es ist Gesas Verdienst, dass es fachgerecht restauriert wurde. Zwischen Balkontür und Fenster auf dem ovalen Bild ist Tante Erna, die ältere Schwester meiner Oma, abgebildet. Die kleine Ikone ist - nach rund achtzig Jahren ist ein etwaiges Vergehen wohl verjährt - eine (bescheidene) Kriegsbeute, die mein Vater aus Russland mitgebracht hat.

Die Fotos über meinem Schreibtisch erklären sich größtenteils selbst. Das Foto mit der am Boden sitzenden und flott aussehenden Gesa ist auf unserem ersten gemeinsamen Urlaub auf Djerba in Tunesien Ostern 1979 entstanden; das Foto rechts daneben habe ich bei einem Spaziergang im Grunewald einen Tag vor Roberts Geburt aufgenommen. Auf dem unteren der drei Richterfotos ist links hinter dem Bücherstapel mein Vater zu sehen, in der Mitte der Senatspräsident am Kammergericht Clausnitzer. Auf der großen Flurkarte sind meine (inzwischen teilweise Laylas) Latifundien in MeckPom (Strelow) zu sehen. Rechts davon ist auf dem kleinen Reiterfoto mein Großvater mütterlicherseits abgebildet, der schon 1932 gestorben ist; auf diesem Pferd soll er nach Erzählungen meiner Mutter aus dem Baltikum nach Pommern geritten sein, angeblich 1000 km (ich habe nicht überprüft, ob diese Entfernung stimmen kann). Auf dem Foto darunter ist meine Mutter als junge Frau zu sehen. Neben zwei Fotografien des Strelower Schlosses befindet sich rechts ein farbiges „Gemälde", tatsächlich abfotografiert von einem bei Karl-Ernst (ältester Bruder meiner Mutter) befindlichen Gemälde; ich hatte gehofft, das Original als Anerkennung für meine zehnjährigen Bemühungen nach der Vereinigung am 3. Oktober 1990 um einen finanziellen Ausgleich nach dem Verlust von Strelow zu erhalten, aber vergeblich (den finanziellen Ausgleich habe ich erstritten, nur das Gemälde nicht bekommen). Die beiden kleinen Fotos zeigen mich einmal beim proletarischen Fußballsport, einmal beim eher elitären Reiten auf „Welfin"; an meiner Haltung beim Springen ist nichts auszusetzen.

VI.

Mein Ankleidezimmer

Da ich seit dem Sommer 2015 alleine auf 163 qm wohne (manch einer mag das als unsozial empfinden), gönne ich mir den Luxus eines „Ankleidezimmers". Wiederum manch eine(r) mag sagen, meine Garderobe sei ein separates Zimmer nicht wert, wie auch immer, ich habe eines. Besondere Möbel befinden sich nicht in diesem zur Straße gelegenen Zimmer. Der Kleiderschrank rechts stammt aus dem Haushalt Mildebrath, der Schrank links neben dem Fenster wurde nach meiner Erinnerung in früheren Zeiten in der Niklastraße 68 von Ingrid benutzt. Die unscheinbare weiße Kommode haben wir von Uschi und Peter Görnandt (Peter war ein Cousin von Gesa) bekommen; zusammen mit einem inzwischen verschwundenen Aufsatz diente sie als Wickelkommode für Robert. Das etwas eckig wirkende Sofa ist, wie ich aus Erzählungen meines Vaters mich zu erinnern glaube, das „Verlobungssofa" meiner Oma väterlicherseits und ihres späteren Mannes; es muss also schon ziemlich alt sein. Jedenfalls stand es später im Wohnzimmer meiner Eltern. Als ich es dann übernommen habe, wurde es auf Betreiben von Gesa aufgepolstert und neu bezogen. Derartige Maßnahmen, die der Erhaltung und Verbesserung alter Möbelstücke dienen, kannte ich bis dahin noch nicht. Wir haben es später mit weiteren Möbelstücken veranlasst, durchaus zu deren (und damit unserem) Vorteil.

Die fünf über dem Bett befindlichen Bilder von alten „Preußen" hat mein Vater vor sehr langer Zeit mal als Dank für geleistete (wohl juristische) Dienste geschenkt bekommen, ich glaube, von einem alten Schulkameraden „von Schack"; Gesa konnte diese Bilder nicht leiden, deshalb konnte ich sie nicht an exponierter Stelle aufhängen. Das etwas größere Gemälde „Am Fuß der blauen Berge" (ältere Leser werden diese Western-Serie noch kennen) hat Jocelyns Mutter im Alter von über 90 Jahren nach unserem Besuch im Jahre 2009 in Oakland bei San Francisco für uns gemalt. Die drei Fotos stammen von unserem USA-Besuch im Jahre 1993, nach meiner Erinnerung die beste meiner Amerika-Reisen (natürlich abgesehen von 2019!). Von den drei kleinen quadratischen Gemälden stammt das ganz links von Gesa, die beiden anderen von mir!!! Nach der Bob-Ross-Methode habe ich unter Anleitung eines Experten diese Bilder jeweils innerhalb von zwei Stunden als einer von acht Gruppenteilnehmern nach einer Vorlage gemalt. Das hat durchaus Spaß gemacht, aber Kunstexperte bin ich trotzdem nicht geworden.

VII.

Schlafzimmer 1

Das zur Gartenseite neben dem Balkonzimmer gelegene Zimmer nutze ich als Schlafzimmer, wenn ich - was meistens der Fall ist - alleine nächtige (hört sich jetzt etwas merkwürdig an, ist aber nicht so gemeint). Gleich rechts neben der Tür steht das Bett. Es handelt sich dabei um die Hälfte eines Doppel- oder Ehebettes, welches nach meiner Erinnerung von den Groß- oder vielleicht sogar Urgroßeltern mütterlicherseits von Gesa stammt; jedenfalls ist es nach dem Tod von Tante Hotta (das ist eine zuletzt in Bad Pyrmont lebende Tante von Gesa, die eigentlich mit Vornamen Ruth-Felicitas hieß und immer ein etwas hoheitsvolles Gebaren an den Tag legte) in unseren Haushalt gelangt. Gleiches gilt für den an der linken Wand stehenden Spiegelschrank, in dem ich meine Unterhosen und Socken aufbewahre. Beide Möbelstücke machten zunächst einen eher unscheinbaren Eindruck; nach dem Aufarbeiten durch einen Fachmann - wie ich schon sagte, eine Spezialität von Gesa - wirken sie jetzt wirklich schön und werthaltig. Der quer vor dem Fenster stehende Schreibtisch stammt aus dem Haushalt Schweckendieck. Nach meiner Erinnerung stand er früher im Wohnzimmer meiner Oma in der Buggestraße; nach deren Tod 1968 ist er zunächst zu uns in die Niklasstraße 68, später in die Niklasstraße 66 und schließlich in den Ilsensteinweg gelangt. Gegenüber diesem Schreibtisch steht ein quaderförmiger Sessel, von der

Machart her und auch bezogen wie das Sofa in meinem Ankleidezimmer; beide Möbelstücke gehören eigentlich zusammen und sind - wie ich schon im vorigen Kapitel ausgeführt habe - nach der Erzählung meines Vaters Bestandteil der Verlobungsausstattung meiner Großeltern gewesen. Rechts neben dem Spiegelschrank steht eine Truhe, auch diese haben wir aufarbeiten lassen, wodurch die Farbgebung nun viel besser zur Geltung kommt; die Verzierungen hat meine Großmutter väterlicherseits (Oma) als junge Frau angebracht. Meine Mutter, die ihrer Schwiegermutter gegenüber eine (möglicherweise zu recht) kritische Haltung einnahm, meinte, in den rund zehn Jahren nach Beendigung der Schule und vor der Eheschließung habe die Schwiegermutter nichts weiter gemacht als einige Bilder zu malen, etwas zu musizieren und derartige Möbelstücke zu verschönern.

Auch in diesem Raum gibt es einiges zu den Bildern zu sagen. Seitlich rechts über dem Bett hängt ein Portrait von mir. Das hat ein Straßenmaler in San Francisco gemalt, als ich erstmals mit Gesa im Jahr 1980 dort war; ich bin also 28 Jahre alt. Ich glaube, wir haben 20 $ bezahlt. Gesa wollte sich danach auch noch malen lassen, aber es war dem Maler zu kalt geworden, seine Finger waren schon ganz klamm. Links daneben das würdig aussehende Ehepaar sind irgendwelche Vorfahren von mir. Ich glaube, der Herr mit den diversen Orden war Gymnasiallehrer in Göttingen; seine Frau sieht aus wie Witwe Bolte. Das Portrait-Foto von Gesa hat ein Fotograf gemacht, es war bei der Trauerfeier in der Schlachtenseer Kirche aufgestellt. Den Inhalt des großen Rahmens mit den vielen Fotos von Gesa hat Yasi, Roberts Frau, anlässlich der Trauerfeier für Gesa zusammengestellt.

Auf der gegenüberliegenden Seite direkt hinter dem Schreibtisch befindet sich ein Foto vom Brandenburger Tor mit der Mauer, darunter eine Startkarte für den ersten Gesamtberliner Neujahrslauf mit einem DDR-Stempel, rechts ein Foto von mir und einem meiner Fußballer-Kollegen von Rot-Schwarz 65 namens Joschi Frohnert, seines Zeichens Amtsanwalt. An diesem Lauf am 1. Januar 1990 habe ich zusammen mit etwa 25.000 anderen Läufern (in den Jahren zuvor gab es eine Teilnehmerzahl von um die 3000) teilgenommen. Er begann auf der Straße des 17. Juni, führte durch eine Bresche in der Mauer vor dem Brandenburger Tor, wo die Vopos uns auf die Startkarte als „Visum" einen Stempel aufdrückten, weiter „unter den Linden", um den Fernsehturm herum und wieder zurück. Es war ein tolles Erlebnis, die ca. 6 km lange Strecke spürten wir Läufer vor lauter Euphorie und angefeuert von vielen Zuschauern trotz des bei einigen vorhandenen Sylvester-Katers kaum.

Besonders erwähnenswert ist die rechts neben dem Spiegelschrank befindliche Darstellung eines sitzenden Mädchens mit Dackel; sie stammt von Max Liebermann. Ob es sich um eine Zeichnung, einen Druck oder was auch immer handelt, konnte ich nicht ermitteln. Dazu könnten meine Schwester und Giselas Tochter als Kunsthistorikerinnen wahrscheinlich mehr sagen. Im Internet habe ich das Werk jedenfalls gefunden, es soll von 1922 stammen. Meine Schwiegermutter hatte die Zeichnung in ihrem Besitz, wie es dazu gekommen ist, weiß ich nicht. Das Mädchen soll die Tochter von Liebermann sein. Tatsächlich hatte die Familie wohl nicht nur eine Tochter, sondern auch einen Dackel; in einem Fernsehfilm über das Schicksal der Witwe von Liebermann spielte jedenfalls auch ein Dackel eine Rolle.

Links vom Spiegelschrank befindet sich ebenfalls eine Zeichnung. Auf ihr ist Gesas Großvater Siegfried Wagner (der Vater ihrer Mutter) als Offizier im ersten Weltkrieg abgebildet. Im zweiten Weltkrieg war er als Oberst der Wehrmacht in den Widerstand gegen Hitler um Stauffenberg involviert und sollte einen Tag nach dem Attentat in der Wolfsschanze am 20. Juli 1944 von der Gestapo in seinem Wohnhaus in Potsdam, gelegen gegenüber dem Holländischen Viertel, verhaftet werden. Er versuchte sich der Festnahme durch einen in Suicidabsicht vorgenommenen Sprung aus einem Fenster der im dritten Obergeschoß gelegenen Wohnung zu entziehen. Der Sprung wurde durch ein Gebüsch abgefedert, der Großvater war schwer verletzt und kam in das Konzentrationslager Sachsenhausen. Dort wurde er nicht ärztlich versorgt, sondern pausenlos verhört, bis er wenige Tage später dort an den Folgen des Sturzes verstarb. Es hat sieben Jahrzehnte gedauert, bis wenige Tage vor dem 20. Juli 2014 an dem Wohnhaus in Potsdam (jetzt ein Ärztehaus) eine Gedenktafel angebracht wurde, freilich mit einem Text, der aus meiner Sicht zu wünschen übrig lässt, weil er die berufliche Funktion von Siegfried Wagner nicht nennt und so an einen Zivilisten zu erinnern scheint. Gesa und ich waren bei der Enthüllung der Gedenktafel dabei, Gesas Mutter hat die Erfüllung ihres diesbezüglichen Wunsches nicht mehr erlebt. Mit Gesa war ich regelmäßig bei den jährlichen

Veranstaltungen zum 20. Juli, diese Tradition setze ich einerseits als Vermächtnis nach Gesa, andererseits auch aus eigenem Interesse fort, seit einigen Jahren mit Gisela, die über den Widerstand des 20. Juli 1944 schon als Schülerin ein Referat gehalten hat. Ein bisschen erstaunt mich, dass weder Gesas Geschwister noch deren Kinder (ich schließe da Robert mit ein) ein Interesse an dem Gedenken an ihren (Ur)-Großvater und die anderen Widerstandskämpfer zu haben scheinen, obwohl deren Verhalten doch auch für uns Nachgeborene beispielhaft sein kann.

Das kleine Foto links über der Zeichnung zeigt den Großvater bei seinem letzten Besuch in Ostpreußen auf dem Gut seines Schwiegersohnes und seiner Tochter Ruth (Tante Hotta), vermutlich in der ersten Hälfte des Jahres 1944.

Links neben der Zeichnung des Großvaters befindet sich eine Fotografie von Gesa Mutter; sie ist darauf vielleicht so um die 40 Jahre alt. Die Ähnlichkeit mit Gesa ist frappierend.

Auf dem Sims über der Heizung steht ein aus dem Hause Mildebrath stammender Helm von den „langen Kerls", die ein Hobby von König Friedrich Wilhelm dem Ersten, dem Vater von Friedrich dem Großen, waren. Friedrich Wilhelm der Erste hatte den Spitznamen „der Soldatenkönig"; er hat aber - im Gegensatz zu seinem Sohn - keinen Krieg geführt; wahrscheinlich war er dazu zu geizig. Über und neben diesem Helm befinden sich drei Zeichnungen mit preußischen Soldaten, die ebenfalls aus dem mildebrathschen Haushalt stammen. Die Farbzeichnung des Jagdschlosses Grunewald hat mir Ingrid zum 70. Geburtstag geschenkt; die kleinen Bäumchen vor dem Schloss sind inzwischen so riesig geworden, dass sie den Blick auf selbiges weitgehend verdecken. Die Zeichnung hat die Tante der „Fetten" gefertigt; was es mit diesem Spitznamen auf sich hat, kann in dem Buch „Gute Antwort, Tasse Kaffee hinterher" auf S. 53, 54 nachgelesen werden.

VIII.

Schlafzimmer 2

Im Dachgeschoss meines Reihenhauses befinden sich zwei Mansardenzimmer. In der größeren Mansarde ist das Schlafzimmer 2 angesiedelt. Dieses Zimmer diente nach unserem Einzug 1991 zunächst Gesa als Arbeitszimmer, später war es nach meiner Erinnerung auch mal Roberts Zimmer, bevor es schließlich zum Schlafzimmer wurde. Das Mobiliar ist nicht weiter erwähnenswert. Zum Spontankauf des neuen Bettes habe ich mich bereits auf der vorletzten Seite des Buches „Gute Antwort, Tasse Kaffee hinterher" geäußert. Insoweit ist allerdings eine Korrektur erforderlich; das Bett hat „nur" 3200 € gekostet. Das Bücherregal rechts habe ich selbst gebaut, das braune Schränkchen an der linken Seite stammt noch von meinem Vater; es stand auch längere Zeit in meinem Arbeitszimmer. Mehr ist zu diesem Zimmer nicht zu erzählen; einige Geheimnisse sollte ein Schlafzimmer auch für sich behalten.

Auf dem kleinen Flur steht unmittelbar vor der Schlafzimmertür ein Schubladenschrank, in dem ich meine Bettwäsche aufbewahre. Auch dieser Schrank ist ein Erbstück aus dem Hause Mildebrath; Gesa bezeichnete ihn als Chiffoniere. Laut Internet ist das eine „Herrenkommode" mit fünf bis sieben Schubladen. Seit Gesas Tod im Sommer 2015 nehme ich mir in unregelmäßigen Abständen vor, den Inhalt mal zu sichten und zu ordnen; bisher konnte ich mich dazu noch nicht aufraffen.

Das im Dachgeschoss befindliche kleine Duschbad haben Gesa und ich vor unserem Einzug einbauen lassen. Ursprünglich hatte das um 1929 erbaute Haus nur ein Bad in der ersten Etage; inzwischen gibt es vom Keller bis zum Dachgeschoss vier Möglichkeiten, einem dringenden Bedürfnis nachzugehen.

IX.

Die kleine Mansarde

Dieses niedliche kleine Zimmer war nach unserem Einzug für mehrere Jahre mein Arbeitszimmer. In die Nische der Gaube hatte ich ein Podest gebaut, darauf stand mein Schreibtisch. Ich schätzte und schätze es, vom Schreibtisch aus den Blick nach draußen wenden zu können und dann zur Entspannung Singvögel oder Eichhörnchen oder die Nachbarskinder beim Spielen beobachten zu können. Deswegen habe ich Zeit meines Richterlebens auch gerne und viel zu Hause gearbeitet (heute heißt das „homeoffice"), weil der Blick aus den spartanischen Dienstzimmern in Moabit doch eher deprimierend war. Die Einrichtung meines Arbeitszimmers bestand neben meinem damaligen Schreibtisch (der steht jetzt in Schlafzimmer 1) noch aus dem kantigen „Verlobungssofa" der Großeltern sowie einigen Bücherregalen. Irgendwann wurde es zu eng, weil sich meine juristische Bibliothek (die NJW mit zwei dicken Bänden pro Jahr, die Jahrgänge 1954 bis 1968 noch geerbt von meinem Vater; die NStZ mit einem Band pro Jahr) vergrößerte, und ich zog mit meinem Arbeitszimmer (vorübergehend) in das Balkonzimmer. Die kleine Mansarde wurde dann für einige Jahre unser Schlafzimmer. Ich erweiterte das Podest, bis es als Unterlage für eine Matratze groß genug war; es war eine durchaus ganz kuschelige Angelegenheit. Erwähnenswert ist noch, dass sich in dem kleinen Raum links neben der Gaube eine niedrige Klapptür befand, durch die man in eine winzige „Höhle" gelangte, deren eine Seite von der Dachschräge gebildet wurde. Ein besonders schlanker Mensch hätte von dort durch einen dreieckigen Gang bis ins Nachbarhaus zu Familie Both kriechen können. Robert wird wissen, was es mit dieser Schilderung auf sich hat. Im Rahmen des Umbaus der Heizungsanlage im Jahre 2017 (als großartige Verbesserung wurden nicht nur die Heizkörper unter die Fenster verlegt, sondern es wurde auch von Öl auf Gas umgestellt - Putin lässt grüßen) wurde die kleine Tür entfernt und die Öffnung wurde zugemauert. Inzwischen dient das Zimmer als Domizil für Layla, wenn sie bei mir übernachtet, was seltener geworden ist, seit ihre schulischen und sportlichen Aktivitäten mehr Zeit in Anspruch nehmen. Vielleicht kommt demnächst auch mal Aylina zum Übernachten; meine diesbezügliche Bedingung, nämlich Windelfreiheit, scheint inzwischen erfüllt zu sein. Das derzeitige Mobiliar des Zimmerchens ist ziemlich wild durcheinander gewürfelt. Das Bett habe ich aus Teilen unseres früheren Doppelbettes gebaut; es schläft sich darin ganz gut, wie nicht nur ich schon feststellen konnte. Die zwei Sessel stammen aus dem früheren Bibliothekszimmer meiner Mutter in der Niklasstraße 71 (irgendwann hatte sie die große Maisonettewohnung in der Nummer 68 zugunsten dieser kleineren Wohnung aufgegeben). Der Tisch vor dem Fenster (eine rustikale Variante meines im Wohnzimmer befindlichen Spieltisches) ist aus irgendeinem Nachlass von Gesa organisiert worden, die diversen kleinen Schränkchen sind von uns zusammengekauft worden. Das weiße Eckregal habe ich selbst gebaut. Ich glaube, die Deckenlampe hat Gesa mal aus Israel mitgebracht. Der kleine runde Tisch stammt nach meiner Erinnerung von Luise Krause. Luise Krause war eine typische „alte Jungfer", die aber - wie viele aus ihrer Generation - natürlich einen im Krieg gefallenen Verlobten hatte, den allerdings nie jemand gesehen hatte. Sie hatte ein Haus in einem hässlichen Teil von Lichterfelde Süd. Dieses Haus hatte ihr meine Schwiegermutter, eine Bekannte aus alten Zeiten, auf Leibrentenbasis abgekauft. In einem solchen Fall pflegen die Verkäufer ein biblisches Alter zu erreichen und das Haus wird immer teurer. So war es auch bei Luise Krause, sie starb mit ungefähr 90 Jahren.

X.

Der Dachboden

Der Dachboden unseres Hauses hat zwei Ebenen. Der zur Straße hin gelegene Teil befindet sich auf derselben Höhe wie die beiden Mansardenzimmer und der obere Flur; mittels einer Raumspartreppe kann man auf den über den beiden Mansarden gelegenen Teil des Bodens gelangen. Bei unserem Einzug gab es nur eine nicht sehr vertrauenerweckend erscheinende Leiter nach oben. Und den oberen Teil des Bodens konnte man nur auf dünnen Holzbalken betreten, dazwischen war - wie es früher bei Bauten dieser Art üblich war - nur so ein lockeres Schottergemisch; wenn wir da raufgetreten wären, wären wir durchgebrochen und in der darunter liegenden Mansarde gelandet. Ich habe in schweißtreibender Arbeit (im Sommer war es unter dem nicht isolierten Dach extrem heiß) auf diesem oberen Teil über den vorhandenen Balken zunächst weitere Balken angebracht und über diesen dann Fußbodenlatten, so dass ein stabiler und gut zu begehender Fußboden entstanden ist. Zuvor musste ich eine Holzkiste mit Sand entfernen, die dort noch aus den Zeiten des Bombenkrieges stand, damit im Bedarfsfall mit dem Sand ein durch Brandbomben verursachter Brand gelöscht werden konnte. Den Sand musste ich eimerweise über die steile Holzleiter und dann weitere zwei Treppen in den Garten bringen und dort auskippen, ziemlich mühselig, es waren mindestens zehn Eimer. Als die Kiste leer war, entdeckte ich auf deren Boden ein

Exemplar der „Berliner Illustrierten" vom 24. Januar 1940 (damit war die Kiste ausgelegt), das noch gut lesbar war. Die Schlagzeile lautete: „Neuer Schlag für England: Wieder ein Zerstörer vernichtet" Diese historisch interessante Zeitschrift habe ich aufgehoben; sie befindet sich in meinem Schreibtisch in der Schublade unten links. Die Dachschräge über dem oberen Teil des Dachbodens habe ich mit sogenannten Rigips-Einhandplatten verkleidet, ein irreführender Namen, sie müssten eigentlich Dreihandplatten heißen; einmal wäre ich beim Hantieren mit einer dieser unhandlichen Platten fast vom Dachboden gefallen. Das Treppengeländer, das beim Einbau des kleinen Duschbades im Flur entfernt werden musste, fand auf dem oberen Dachboden eine neue Bestimmung und bietet nun einen Schutz gegenüber einem Sturz in die untere Ebene. Einen alten Kleiderschrank meiner Eltern habe ich passend so zugesägt, dass er an der zu den Nachbarn Both gelegenen kurzen Seite von mir eingebaut werden konnte; darin bewahre ich meine Camping-Utensilien auf, die zuletzt bei der Nordamerika-Reise mit Gisela im Spätsommer 2019 zum Einsatz gekommen sind. Außerdem sind auf dieser oberen Dachebene die Weihnachtssachen, ausreichend für das Schmücken von mindestens drei Weihnachtsbäumen, deponiert. Elektrisches Licht und sogar eine Steckdose habe ich selbst dort installiert; ich war erstaunt, dass ich das hinbekommen habe, ohne einen Kurzschluss oder einen Schwelbrand zu verursachen. Als Alternative zu den ursprünglich vorhandenen zwei Dachluken haben wir insgesamt drei Dachschrägenfenster einbauen lassen, so dass jetzt auch hinreichend Tageslicht vorhanden ist.

Im unteren Teil des Dachbodens hat Gesa durch einen Tischlermeister mehrere Einbauschränke einbauen lassen, was den Vorteil hat, dass wir im eigentlichen Wohnbereich keine Kleiderschränke benötigt haben, die ja in der Regel nicht besonders dekorativ sind. Der trotz des Einbaus der Einhandplatten im Sommer heiße und im Winter kalte Dachboden ist vom Flur durch eine ziemlich massive Metalltür abgegrenzt, die Kälte und Hitze hinreichend vom Wohnbereich fernhält.

XI.

Der Garten

Ein besonders großer Gartenfreak bin ich nicht. Ich mähe den Rasen (eigentlich eher eine Moosansammlung - Aussage von Nachbar Both: „Hauptsache grün") nicht mit dem Rasierapparat wie pingelige Schrebergärtner und auch Unkraut (ist doch eh nur eine Definitionssache) entferne ich nur gelegentlich. Dementsprechend sieht mein Garten (ein bei Reihenhäusern übliches „Handtuch" von 7,20 m Breite und ca. 25 m Länge) auch aus; ich spreche von einem „Naturgarten". Immerhin habe ich drei kleine Apfelbäume im Garten, die - von Jahr zu Jahr unterschiedlich intensiv - auch eine gewisse Ernte bringen; Äpfel aus dem eigenen Garten schmecken einfach gut! Einer dieser drei Äpfelbäume (ein Boskop) war ein Hochzeitsgeschenk von Freunden für Robert und Yasi; mehrere Jahre fristete dieses Bäumchen ein elendes Leben auf ihrem Neuköllner Balkon, bevor wir es bei mir einpflanzten. Und, siehe da, der kleine Baum ist trotz dieser schwierigen Lebensphase gut angewachsen und hat schon schöne große rote Äpfel hervorgebracht; auch ihm gefällt es halt in Schlachtensee besser!

Im hinteren Drittel des Gartens befinden sich auf beiden Seiten zwei etwa 2,5 m hohe Sträucher. Ob wir die gepflanzt haben oder ob die bei unserem Einzug schon vorhanden waren, weiß ich nicht mehr. Diese Sträucher tragen im Herbst kleine Früchte, die wie Blaubeeren aussehen und recht gut schmecken. Als Gisela eines Tages mitbekam, wie ich von diesen kleinen Früchten naschte (vielleicht habe ich sie auch animiert, zu kosten), fragte sie mich „was ist denn das für eine Frucht?", worauf ich erwiderte „keine Ahnung, sie schmecken jedenfalls gut". Gisela war nun ganz entsetzt und aufgeregt und meinte „das ist doch lebensgefährlich! Du kannst dir eine tödliche Vergiftung einhandeln!" Mein Hinweis, dass ich ja nach mehrfachem Genuss noch am Leben sei und nicht einmal Bauchschmerzen bekommen habe, beruhigte sie nicht wirklich. Da Gisela den Dingen gerne auf den Grund geht und außerdem technisch optimal ausgestattet ist, überprüfte sie sogleich mittels einer auf ihrem Handy installierten Pflanzen-Erkennungs-App den potentiell gefährlichen Strauch. Es stellte sich heraus, dass es sich um eine harmlose „Felsenbirne" mit durchaus essbaren Früchten handelt. Wie sich der etwas irreführende Name erklärt, konnte allerdings auch Gisela nicht herausfinden.

Auf meine alten Tage habe ich noch eine Früchteverwertungsarbeit in Angriff genommen, die nach traditioneller Sichtweise jedenfalls früher eine Aufgabe der Hausfrau war. Nachdem mein diesbezüglicher Versuch im Herbst 2021 noch viel Luft nach oben hatte, ist er mir im Herbst 2022 schon deutlich besser gelungen, nachdem ich mir hilfreiche Tipps von Gisela eingeholt hatte. Ich habe nämlich in meinem Garten einen kleinen Quittenbaum, eigentlich eher ein Strauch, der in den letzten Jahren reichlich Früchte getragen hat. In der Vergangenheit habe ich die meisten Früchte an Freunde oder Bekannte weitergegeben, die sie dann zu Gelee verarbeitet und mir auch ein oder zwei Gläser abgegeben haben. An Quittenkompott habe ich mich auch selbst versucht, das klappte unter Zuhilfenahme des Dr.-Oethker-Kochbuches ganz gut und es schmeckte auch. Im Herbst 2021 habe ich erstmals den Versuch gemacht, kleingeschnittene Quitten einzukochen; bei dem Vorhaben, die mit Gelierzucker aufgekochten Fruchtstückchen in Gläser zu füllen, spritzte das heiße Zeug mitunter auf meine Hände und ich bekam die Gläser mittels einer Schöpfkelle auch gar nicht richtig voll, außerdem ging die Hälfte vorbei. Im Herbst 2022 habe ich mehr als 50 Quitten geerntet. Diesmal habe ich - gemäß Giselas Anregung - die kleingeschnittenen Quitten nach einer Kochzeit von etwa drei Minuten vom Herd genommen, sie mit einem entsprechenden Gerät püriert und das Ganze sodann weitere drei Minuten mit dem Gelierzucker aufgekocht. Dieses Mus konnte ich dann - unter Inkaufnahme der einen oder anderen Brandblase - mittels Kelle auch besser in die zuvor sorgfältig gesäubertes Gläser füllen und diese hernach „auf den Kopf" stellen. Die meisten der insgesamt 12 Gläser unterschiedlicher Größe waren nach dem Abkühlen dann auch ordnungsgemäß luftdicht verschlossen. Das Mus, in Quark oder Joghurt gerührt oder als Aufstrich auf Zwieback oder Brötchen, schmeckt ganz gut. Wie ich mir habe sagen lassen, kann es durch einen Spritzer Zitrone noch verfeinert werden. Na, beim nächsten Mal.

Gesa war ja nie eine Freundin der einfachen Entscheidungen. So ließ sie sich auch nicht davon abbringen, für unseren Garten einen kleinen Feigenbaum zu besorgen; mein Hinweis, dass eine derartige Pflanze in unseren Breitengraden nicht würde gedeihen können, schreckte sie nicht ab. Über viele Jahre vegetierte dieses Pflänzchen vor sich hin, immer am Rande des Todes schwebend. Aber, siehe da, irgendwann wurde das Bäumchen kräftiger und wuchs heran, vielleicht eine Folge der Klimaerwärmung; im Herbst 2022 trug er erstmals mehrere Früchte, die ich - trotz weitgehender Geschmacklosigkeit - sogar verzehrt habe. Eine weitere Pflanze, deren Existenz ich Gesa zu verdanken habe, trug im Herbst 2022 ebenfalls zum ersten Mal einige Früchte; mittels der Erkennungs-App von Gisela konnte diese Pflanze als Kakibaum identifiziert werden.

Abschließend noch einige Worte zu meiner kleinen Terrasse, auf der man zu viert sitzen und Kaffee trinken kann. Eines Sommerabends - eventuell war das im Jahr 2020, also nach unserer Amerikareise vom Spätsommer 2019 - kam Gisela auf den Gedanken, wir könnten in der anstehenden lauen Nacht doch mal draußen auf der Terrasse schlafen. Ich richtete dort also aus diversen Gartenliegenauflagen und unseren Isomatten und Schlafsäcken ein gleichwohl etwas hartes Lager her und wir haben dort sogar geschlafen, bis uns gegen 3 Uhr einsetzender Regen weckte; da zogen wir es vor, uns fluchtartig ins Innere des Hauses und in das doch wesentlich bequemere Bett zu begeben. Gut, dass ich abends die automatisch schließende Jalousie angehalten hatte!

XII.

Die Aussichten

Ein Reihenhaus ermöglicht Aussichten in zwei Richtungen; lediglich ein Reihenendhaus (aber ein solches bewohne ich nicht) schafft Ausblick in eine dritte Himmelsrichtung. Die mir eröffneten Himmelsrichtungen sind der Osten und der Westen (geographisch, nicht politisch). In beiden Richtungen sehe ich viel grün, die Bäume und Sträucher beruhigen das Auge und sorgen für gute Luft. Erfreulicherweise liegt mein Haus auf der „richtigen" Seite des Ilsensteinweges, nachmittags habe ich die Sonne auf der Terrasse und im Garten. Aus den Fenstern der Küche, des Bades, des Ankleidezimmers und aus den beiden Treppenfenstern blicke ich nach Osten in die aufgehende Sonne (wenn ich denn rechtzeitig aufstehe) und auf den Ilsensteinweg. Ich kann feststellen, wer wo parkt, ob sich unter den geparkten Autos ein Besucherauto befindet oder ob mal wieder irgendwelche Baufahrzeuge (über nervend viele Monate gehörten sie zu den Bauarbeiten im Haus schräg gegenüber) die Straße unzumutbar verengen. Ich kann mich darüber aufregen, wenn irgendjemand vor meinem Haus geparkt hat, obwohl ich doch gewohnheitsrechtlich einen Anspruch auf eben diesen Parkplatz habe (ein Luxusproblem, wenn ich an die Parksituation in Neukölln bei Robert denke; ich kann schon deshalb verstehen, dass die Familie kein Auto hat). Diesen Ärger habe ich seit einiger Zeit insofern entschärft, als ich inzwischen mein Auto häufig in der von mir gemieteten Garage (in der auch mein Motorrad Winterschlaf hält) abstelle. Das hat den Vorteil, dass das Auto im Sommer nicht von den Linden bzw. den darauf lebenden Blattläusen bekleckert wird und ich im Winter nicht den Schnee oder das Eis vom Auto entfernen muss. In früheren Zeiten war mir die Nutzung der Garage zu umständlich, weil sie etwa 300 m von meiner Behausung entfernt ist. Nachdem die Spritpreise mit Beginn des Ukraine-Krieges so exorbitant gestiegen sind und zudem die Nutzung des 9-€-Tickets mir eröffnet hat, dass ich tatsächlich auch mit den öffentlichen Verkehrsmitteln viele Ziele in Berlin gut erreichen kann (wenn Bahnen und Busse denn ausnahmsweise mal gemäß dem Fahrplan fahren), lasse ich das Auto oft mehrere Tage in der Garage stehen. Nicht nur mit dem ÖPNV (diese Abkürzung habe ich von Bettina Jarasch gelernt), sondern auch mit dem Fahrrad und sogar zu Fuß kann ich manches Ziel erreichen. Auf meine alten Tage verhalte ich mich richtig umweltfreundlich, ich möchte mich nur nicht von der Politik dazu zwingen lassen!

In der Küche nehme ich, wenn nicht Besuch die Wohnzimmernutzung nahelegt, alle meine Mahlzeiten ein. Dabei fällt mein neugieriger Blick nicht nur wegen der Parksituation auf die Straße. Wer geht denn heute hier lang? Den kenne ich ja gar nicht! Ach, Frau Zach führt mal wieder ihren kleinen Hund aus. Hat der Nachbarssohn eine neue Freundin? Wird mal wieder von Nachbarn ein privater Kleintrödelmarkt veranstaltet? Vermutlich werden die Beobachtungen und Überlegungen aus den Küchen rechts und links ähnlicher Natur sein.

Aus dem Wohnzimmer, dem Balkonzimmer und den beiden Schlafzimmern geht mein Blick nach Westen in Richtung der Mietergärten mit vielen Kiefern, Laubbäumen, Büschen und im Frühjahr und Sommer vielen blühenden Pflanzen. Hinter meinem und den übrigen Gärten der vier großen und sechs kleinen Reihenhäusern befindet sich ein Kinderspielplatz, den auch Layla und Aylina manchmal nutzen, wenn sie bei mir zu Besuch sind. Bevor der Kinderspielplatz angelegt wurde, konnte dort Wäsche aufgehängt werden; in Zeiten von Wäschetrocknern hat diese Möglichkeit ihre Bedeutung schon lange verloren. Mitunter wurde dieser Trockenplatz früher von Bewohnerinnen zum Sonnen genutzt; das gab in den damaligen prüderen Zeiten mitunter eine gewisse Aufregung, wenn der Bikini zu knapp bemessen oder dessen Inhalt zu stattlich war.

Im Hintergrund links sehe ich von meinem Schreibtisch und den anderen nach Westen gelegenen Fenstern aus den Bunker, an bzw. in dessen Dachgeschoss unsere gemütliche kleine Wohnung lag, die wir zehn Jahre lang bewohnt hatten. Rechts vom Bunker sind zu einem mir nicht mehr erinnerlichen Zeitpunkt, möglicherweise so etwa um die Jahrtausendwende, zwei ziemlich hässliche Mehrfamilienhäuser erbaut worden; das größere der beiden Häuser sieht wie ein Kongresszentrum aus. Zuvor befanden sich auf den beiden weitläufigen Grundstücken zwei niedliche kleine Häuschen. Im Sommer bleibt mir der Anblick der beiden hässlichen Häuser erfreulicherweise weitestgehend erspart, weil die vielen belaubten Bäume nicht nur für gute Luft, sondern auch für einen effektiven Sichtschutz sorgen. Auf der - wenn auch in

ziemlich weiter Entfernung von um die 50 m - mir gegenüber liegenden Terrasse des einen Hauses haben die
Bewohner aus welchen Gründen auch immer mehrere
sehr hell leuchtende Strahler angebracht, die nachts trotz
der vielen Bäume direkt in mein Schlafzimmer leuchten.
Ohne die dichten Vorhänge, die ich deswegen dort angebracht habe, wäre das störend.

Aus den zwölf Kapiteln, die ich meinem mehr als drei
Jahrzehnte währenden Wohnen im Ilsensteinweg gewid-
met habe, ist vermutlich hinreichend deutlich geworden, dass ich mich hier sehr wohl fühle. Ich habe viel
Platz, ich habe nette Nachbarn, die eigentlich nie „Party
machen" (so dass auch die Hellhörigkeit zwischen unseren Häusern kein Problem ist), ich schätze die ruhige
Gegend mit nur wenig Verkehr, der Schlachtensee liegt
nur einen Kilometer entfernt, bei kleinen Mängeln im
Haus helfen der nette Hauswart Herr Dettmer oder die
von der Genossenschaft zügig bestellten Handwerker
innerhalb kurzer Zeit. Dieses Wohlgefühl habe ich mir
auch nicht von Kriminellen, die mein Haus in meiner
Abwesenheit im November 2022 mit einem Einbruch
heimgesucht haben, vermiesen lassen.

Wie sehen aber nun die Aussichten - dieses als Über-
schrift des Abschlusskapitels gewählte Wort hat unter-
schiedliche Bedeutungen - für die Zukunft aus? Eine
Eigenbedarfskündigung muss ich nicht fürchten. So
etwas gibt es bei einer Genossenschaft nicht, ich kann
bis an das Ende meiner Tage hier wohnen bleiben. Das
ist auch meine Hoffnung und mein Bestreben. Ich ver-

suche, mich fit zu halten; möglichst dreimal wöchentlich gehe ich in das nahegelegene Fitness-Studio, wo ich in Kursen und an den Geräten meine Muskulatur kräftige, die Gelenke und mich als Ganzes auf Betriebstemperatur bringe und versuche, meine Beweglichkeit (bei letzterer sind die Frauen eindeutig besser) zu optimieren. Auch Gisela hält mich „auf Trab" und animiert mich zu von ihr als Spaziergänge angesehenen ausgedehnten Wanderungen. Ich hoffe, auf diese Weise möglichst lange die vielen Treppen in meinem Reihenhaus bewältigen zu können. Senioren- oder gar behindertengerecht ist das Haus beileibe nicht; da hilft auch die kürzlich erfolgte Umrüstung von Badewanne auf Dusche nur wenig. Aber Frau Riemann, geboren 1939, die weiterhin gegenüber unserer früheren Wohnung zwei Treppen hoch im Dachgeschoss wohnt, und Krimmi Müller, Jahrgang 1935 (die beiden Ladies mögen mir verzeihen, dass ich ihr Geburtsjahr verrate), die ohne Haushaltshilfe in ihrem eigenen Haus lebt und wirtschaftet, sind mir insoweit Vorbilder.

Nach meiner mir ganz logisch erscheinenden Philosophie (die zu meinem Erstaunen nicht alle meine Mitmenschen teilen) steht es ohnehin fest, wie es mit mir, dem Ilsensteinweg und meinem Leben überhaupt weitergeht; ich weiß es nur nicht. Es gibt jedenfalls immer nur entweder den einen oder einen anderen Weg, ich kann mich nur so oder anders entscheiden, nie sowohl als auch, und seinem Schicksal kann ohnehin keiner entgehen. Letztlich können wir alle nicht in die Zukunft blicken „und das ist auch gut so".